REVUE

DU

MOUVEMENT HISTORIQUE

EN ESPAGNE

Par Alfred MOREL-FATIO

PARIS
1877

REVUE

DU

MOUVEMENT HISTORIQUE

EN ESPAGNE.

Sociétés savantes et publications périodiques. — Avant de passer en revue les principales publications historiques faites en Espagne dans ces dernières années, il ne sera pas inutile de donner une idée des milieux dans lesquels les sciences historiques sont susceptibles de prendre un certain essor, des académies et des sociétés qui en favorisent le développement, enfin des recueils périodiques exclusivement ou en partie consacrés aux recherches qui nous intéressent.

Il n'y a aujourd'hui en Espagne que trois villes où l'on constate un certain mouvement de science historique. Ces trois villes, Madrid, Barcelone et Séville, sont aussi le siège d'académies, fondées par les premiers souverains de la maison de Bourbon, qui ont exercé et exercent encore, quoique dans une beaucoup plus faible mesure, une impulsion notable et généralement bienfaisante sur la marche des études historiques. La première de ces académies, la *Real Academia de la Historia*, est une des gloires de l'Espagne [1].

---

[1]. Voir un résumé de l'histoire de cette compagnie dans le *Discurso leido ante la Academia de la Historia, por el Exmo Sr D.* Vicente Barrantes. Madrid,

Définitivement organisée en 1738, cette compagnie embrassa avec un enthousiasme et une activité qui étonnent le champ tout entier de l'histoire nationale et partagea avec quelques ordres religieux la tâche et l'honneur d'édifier sur des bases solides l'histoire politique, religieuse, archéologique et topographique de l'Espagne, en la purifiant des fraudes accumulées dès la fin du xvie siècle[1] et en renouant la belle tradition des Zurita et des Morales. Tous les érudits de la seconde moitié du siècle dernier et du commencement du nôtre qui se sont distingués de quelque manière dans nos études ont fait partie de l'Académie ou ont été protégés par elle. Par ses huit volumes de *Memorias*[2], la continuation de l'*España sagrada* du P. Enrique Florcs et du *Viage literario á las iglesias de España* de Jaime Villanueva, la collection des anciennes *córtes* des royaumes de Castille et Leon[3] et tant d'autres monographies et répertoires de documents, l'Académie s'est attiré la reconnaissance de tous les travailleurs sérieux. Malheureusement cette compagnie, convenablement subventionnée par le souverain jusqu'au commencement de ce siècle, a vu, comme presque toutes les institutions espagnoles exclusivement consacrées à la science, diminuer son budget presqu'à chaque changement de gouvernement : en 1874 elle en était réduite à une allocation annuelle de huit mille francs. Dans ces conditions et malgré le dévouement et l'activité de plusieurs de ses membres, l'Académie ne peut plus rendre les services qu'on serait en droit d'attendre d'elle. Cependant parmi ses publications les plus récentes nous devons citer avec éloge le *Memorial histórico español*, collection de textes en dix-neuf volumes, commencée en 1851 et interrompue en 1865, et qui, sauf les tomes I à III et V, se rapporte aux xve, xvie et xviie siècles. Dans ce recueil je signalerai surtout les *Lettres de quelques pères de la société de Jésus, 1634-1648* (t. XIII à XIX), qui abondent en renseignements curieux et parfois importants sur l'histoire politique de l'époque. L'Académie nous a donné ensuite une très-bonne édition de la chronique de Ferdinand IV de Castille

---

1874, in-8°. A la suite de ce discours se trouve un catalogue des ouvrages publiés par l'Académie ou dont elle a acquis la propriété.

1. Sur l'histoire des chroniques fausses, des plombs de Grenade, etc., voyez l'*Historia critica de los falsos cronicones por D. José Godoy Alcantara*. Madrid, 1868, in-8° (couronnée par l'Académie), ouvrage intéressant, mais qui manque souvent de précision et de pièces justificatives.

2. Le tome IX est imprimé, mais non encore publié.

3. Ce recueil se compose actuellement de trois tomes in-folio. Le tome IV, en préparation, comprendra les *córtes* des rois catholiques Ferdinand et Isabelle et de Charles-Quint.

avec une belle collection diplomatique et d'excellentes notes [1]; elle a entrepris une *Collection d'ouvrages arabes d'histoire et de géographie*, accompagnée de traductions en castillan et dont le tome premier, Ajbar Machmua, est dû aux soins de feu EMILIO LAFUENTE ALCÁNTARA, l'un des rares orientalistes sérieux d'Espagne [2]. Mais l'Académie n'est pas seulement occupée à publier les travaux de ses membres ou des lauréats de ses concours, elle est encore chargée de conserver de fort précieuses collections, surtout une admirable bibliothèque. Jusqu'à l'année 1867 elle avait même la surveillance et la direction de l'*Archivo histórico nacional*, vaste dépôt où sont venues se fondre les archives et les bibliothèques d'un grand nombre de couvents supprimés dans la première moitié du siècle [3]. Cet établissement compte actuellement plus de cent mille documents, sans parler des cartulaires et des manuscrits; dans cet ensemble la célèbre abbaye de Poblet figure avec 20,762 documents. Le classement et l'inventaire de toutes ces richesses sont loin d'être faits, faute d'argent, dit-on, faute de zèle aussi, je crois. Seul l'inventaire des chartes de la grande abbaye bénédictine de Sahagun (Sanctus Facundus) a été mené à bonne fin et publié par un professeur de l'*Ecole diplomatique*, D. VICENTE VIGNAU, qui, en sa qualité de philologue, l'a fait suivre d'un précieux glossaire [4]. Enfin, pour terminer l'énumération des services rendus par l'Académie à la science historique, rappelons qu'à son initiative est due la création de l'*Ecole diplomatique* et du *Musée archéologique*. Les deux académies sœurs, les *Academias de buenas letras* de Barcelone et de Séville, sont loin d'avoir jamais eu l'importance de leur aînée. Les statuts de l'Académie de Barcelone assignaient pourtant une large part dans les travaux de ses membres à l'histoire du principat de Catalogne; mais cette compagnie, qui, pour diverses raisons, a presque toujours manqué de vitalité, a peu produit elle-même et n'a guère exercé d'influence au dehors [5]. On peut dire à peu près la même chose de l'Académie

---

1. *Memorias del rey D. Fernando IV de Castilla*, por D. ANTONIO BENAVIDES, 2 tomes in-4°, 1860.
2. Le tome II, sous presse, contient la *Crónica de Ebn-Al-Kotiya*.
3. Voy. l'*Inventario de los fondos ó procedencias del Archivo histórico nacional*. Madrid, 1871, in-8° (Extrait de la *Revista de archivos*).
4. *Indice de los documentos del monasterio de Sahagun de la orden de San Benito y glosario y diccionario geográfico de voces sacadas de los mismos, publicados por el Archivo histórico nacional*. Madrid, 1874, gr. in-8°.
5. Le tome premier et unique de ses mémoires a paru en 1756. — J'ai vu cité dans l'ouvrage de M. Menendez y Pelayo, *La ciencia española*, p. 289, un mémoire de D. Joaquin Roca y Cornet comme faisant partie du tome II de ces mémoires. Ce tome a-t-il paru?

de Séville, où les côtés littéraires et archéologiques ont du reste toujours été plus accentués [1]. Sans doute par les encouragements, malheureusement très-restreints, qu'elles accordent de temps en temps aux érudits de leurs provinces, ces académies maintiennent une certaine activité scientifique et méritent de vivre, quoique la direction du mouvement historique leur ait échappé depuis longtemps.

A côté de ces compagnies officielles et plus ou moins protégées par le gouvernement, nous devons parler maintenant des sociétés de bibliophiles fondées il y a quelques années et qui ont beaucoup contribué à réveiller l'intérêt endormi des Espagnols pour plusieurs périodes de leur histoire nationale. Dans un pays où les études supérieures sont en pleine décadence, où la méthode ne s'enseigne pas ou s'enseigne mal dans les universités, l'impulsion ne pouvait guère partir que d'un milieu d'amateurs instruits et curieux, plus ou moins familiarisés avec le mouvement scientifique européen, et qui, après avoir longtemps collectionné de vieux livres et des manuscrits, ont fini par penser que beaucoup de ces témoins des vieilles gloires espagnoles méritaient d'être remis en circulation. Ces sociétés sont actuellement au nombre de deux seulement; mais à côté de ces associations fermées qui s'administrent elles-mêmes et font le choix des textes qu'il leur convient de publier sans le soumettre aux convenances d'un éditeur, nous avons vu naître dernièrement trois autres entreprises de publications du même genre dont nous parlerons tout à l'heure. La *Sociedad de bibliófilos andaluces*, dont le siége est à Séville, nous a donné plusieurs bons textes historiques. D'abord l'*Historia de los reyes católicos, D. Fernando y Dª Isabel, por el bachiller Andrés Bernaldez* (2 v. 8°). Ce récit d'un contemporain de la grande Isabelle la Catholique a été maintes fois cité par tous les historiens d'une des plus brillantes époques de la vieille Espagne, d'après des copies manuscrites. Une édition en avait même été publiée à Grenade en 1856, je crois, mais avec peu de soin et de critique. La nouvelle édition de la Société permettra aux érudits d'exploiter comme il convient ce précieux témoignage. — La *Relacion de algunas cosas que pasaron en estos reinos desde que murió la Reina Católica Dª Isabel hasta que se acabaron las comunidades en la ciudad de Toledo*, par Pedro de Alcocer, peint l'époque de troubles qui suivit la mort d'Isabelle et se continua pendant les premières années du règne de Charles-Quint. Cette relation n'était connue jusqu'ici que

---

[1]. Cette compagnie, à ce que je crois, n'a pas non plus été au-delà d'un premier volume de Mémoires.

par une sorte de résumé publié en français par Henri Ternaux [1] et qui naturellement ne pouvait tenir lieu de l'original. — Les *Sucesos de Sevilla, de 1592 à 1604, por Francisco Ariño. Ilustrados por D.* Antonio Maria Fabié, retracent la vie politique et les mœurs administratives de la grande cité andalouse à une époque encore brillante, mais où l'on voit se développer partout des germes de décadence. Les mémoires d'Ariño, qui ne sont que des notes rédigées sous l'impression des événements, ont été admirablement complétés par M. Fabié à l'aide de correspondances du temps et surtout de pièces tirées des archives municipales. Ces précieux appendices forment plus des quatre cinquièmes du volume.

La collection de la *Sociedad de bibliófilos de Madrid* est encore plus riche en ouvrages historiques. Nous y trouvons la *Relacion de algunos sucesos de los últimos tiempos del reino de Granada*, publ. par Emilio Lafuente Alcantara, qui contient l'histoire de Grenade depuis l'époque de Juan II de Castille jusqu'à la conquête des Rois Catholiques, par Hernando de Baeza [2], et quelques autres documents historiques sur les derniers temps de la domination musulmane en Andalousie. — Le *Libro de la cámara real del principe D. Juan, officios de su casa e serviçio ordinario, compuesto por Gonçalo Fernandez de Oviedo* (publ. par D. José Maria Escudero de la Peña). Cérémonial de la maison du fils mort en bas âge de Ferdinand et d'Isabelle, qu'un des serviteurs de ce prince rédigea et compléta vers le milieu du xvie siècle, le destinant au fils de Charles-Quint ; mais l'empereur, comme on sait, préféra ordonner la maison de son fils d'après les usages de Bourgogne. — *Cinco cartas politico-literarias de D. Diego Sarmiento de Acuña, primer conde de Gondomar, embajador á la córte de Inglaterra, 1613-1622* (p. p. M. de Gayangos). Ces quelques lettres du célèbre homme d'Etat et diplomate sont pleines d'esprit et de grâce ; elles renferment quelques indications curieuses sur l'histoire ancienne de l'Espagne. — *Relaciones de Pedro de Gante, secretario del duque de Nájera, 1520-1544* (p. p. M. de Gayangos). Relations de divers épisodes de la vie de Charles-Quint tirées d'un manuscrit du Musée britannique. L'introduction contient une analyse des mémoires de Sancho Cota (1482-1538), dont le manuscrit original se trouve à la Bibliothèque nationale de Paris [3]. — *Memorias del cautivo en la Goleta*

---

1. *Les Comuneros. Chronique castillane du xvie siècle, d'après l'histoire inédite de Pedro de Alcocer.* Paris, 1834, in-8°.
2. Cette histoire avait déjà été publiée par l'orientaliste bien connu M. J. Müller, *Die Letzten Zeiten von Granada.* München, 1863, p. 57 à 95.
3. Voyez Gachard, *La Bibliothèque nationale à Paris.* Bruxelles, 1875, p. 458-461.

de Tunez (el alférez Pedro de Aguilar), del original en poder de Tyssen Amhurst, Esqre de Dialington Hall, Norfolk (p. p. M. DE GAYANGOS). Récit d'un Espagnol fait prisonnier à la Goulette en 1574. L'éditeur a cru pouvoir l'attribuer à l'alférez Pedro de Aguilar dont Cervantes parle dans le *Don Quijote*, 1re partie, ch. 39 et 40. — *Tratado de las campañas y otros acontecimientos de los ejércitos del emperador Cárlos V en Italia, Francia, Berbería y Grecia, desde 1521 hasta 1545, por Martin García Cerezeda, cordovés, soldado en aquellos ejércitos* (3 tomes). Longs mémoires d'un soldat de Charles-Quint qui raconte les campagnes auxquelles il a pris part.

Le succès obtenu auprès du public lettré par les publications de ces deux sociétés a engagé d'autres érudits à tirer parti de ce goût peut-être éphémère pour les vieux livres. Deux bibliophiles distingués, M. le marquis DE LA FUENSANTA DEL VALLE et D. José SANCHO RAYON, ont entrepris une *Coleccion de libros raros ó curiosos*, qui en est à son dixième volume et que l'historien ne consultera pas sans profit. Il y trouvera notamment le *Comentario del coronel Francisco Verdugo de la guerra de Frisa en XIIII años que fué governador y capitan general de aquel estado y exercito*, réimprimé sur l'édition introuvable de Naples, 1610; puis les *Andanças e viajes de Pero Tafur por diversas partes del mundo avidas (1435-1449)*, publiées par M. Jimenez de la Espada. Cette relation d'un voyageur espagnol qui parcourut une grande partie de l'Europe dans la première moitié du xve siècle présente divers genres d'intérêt, mais soulève aussi plusieurs questions difficiles que l'éditeur n'a pas élucidées[1].

Le bon exemple donné, une seconde collection n'a pas tardé à venir se joindre à la première. Ce nouveau recueil porte le titre gracieux de *Libros de antaño nuevamente dados á luz por varios aficionados*. Le seul texte historique qui y ait vu le jour jusqu'ici est la *Crónica del rey Enrico octavo de Inglaterra*. Ce sont des mémoires écrits vers le milieu du xvie siècle par un militaire espagnol qui passa plusieurs années au service anglais. Malheureusement l'introduction de cette chronique a été écrite par M. le marquis DE MOLINS alors qu'il ne connaissait qu'un seul manuscrit de ce texte du milieu du xviie siècle, ce qui l'a conduit à formuler sur les rapports de la relation anonyme avec l'*Historia del cisma de Inglaterra* du P. Ribadeneira une série d'hypothèses, qui, après la découverte

---

[1]. Je me permets de renvoyer le lecteur à l'article que j'ai publié sur cet ouvrage dans la *Revue critique* du 27 février 1875, et à la polémique que j'ai soutenue avec M. Jimenez, *ibid.*, 12 juin 1875.

d'une dizaine de manuscrits du xvi⁰ siècle, sont tout-à-fait hors de propos. On ne comprend guère que l'académicien espagnol ait tenu si longtemps cette chronique pour entièrement inconnue. S'il avait pris la peine d'ouvrir la *Bibliotheca nova* de Nicolas Antonio et l'*Historia del colegio viego de S. Bartolomé mayor* de Salamanque, il eût été mis aussitôt sur la trace de manuscrits plus anciens et aurait pu rédiger dès le principe en toute connaissance de cause le rapport qu'il adressa à l'Académie et qui forme la base de cette introduction. Les procédés employés par l'écrivain castillan pour retrouver le nom de l'auteur de la chronique ne donnent pas une haute idée de sa critique; au reste le style ampoulé et les déclamations incessantes qui ornent cette introduction et qui rappellent la manière de l'école néo-catholique, montrent assez que le marquis de Molins ferait mieux de chercher des lauriers ailleurs que dans les travaux sévères de l'histoire.

La *Bibliotheca catalana* publiée sous la direction de M. Mariano Aguiló y Fuster est, comme son titre l'indique, uniquement vouée à la reproduction d'anciens textes catalans. Deux ouvrages historiques y ont pris place. La fameuse chronique de Jacques I⁰ʳ le Conquérant, sur l'authenticité de laquelle on a tant discuté, sans jamais recourir au texte original qui nous est donné ici pour la première fois; ensuite un autre ouvrage beaucoup moins important du xv⁰ siècle, intitulé le *Libre dels feyts darmes de Catalunya*, de Bernat Boades.

Les publications périodiques sont le côté le plus faible de la littérature historique en Espagne. Il n'existe actuellement chez nos voisins que deux revues consacrées à nos études. La *Revista de archivos, bibliotecas y museos*, qui est dans sa sixième année et paraît deux fois par mois par fascicule de seize pages, a publié une foule de documents précieux sur presque toutes les périodes de l'histoire d'Espagne. Cette revue, étant en même temps l'organe officieux du corps des archivistes, bibliothécaires et conservateurs de musées, doit réserver un espace assez considérable à la discussion des intérêts de ces fonctionnaires; aussi ne peut-elle donner aux recherches historiques que quelques pages par numéro. Néanmoins l'influence de cette revue est excellente : elle attire l'attention d'un certain public sur plusieurs côtés des études historiques fort négligés en Espagne, elle réveille la sollicitude des administrations municipales pour la bonne conservation de leurs archives et bibliothèques, enfin elle maintient une certaine union entre les anciens élèves de l'Ecole diplomatique, qui, des différentes villes où ils résident, contribuent à faire connaître dans les colonnes de la Revue les richesses des dépôts confiés à leur zèle.

La *Revista histórica* paraît à Barcelone depuis le commencement de l'année 1876[1]. Les premiers numéros que nous avons sous les yeux permettent de bien augurer de son avenir; on y remarque plusieurs bons travaux, parmi lesquels les études épigraphiques du P. Fidel Fita méritent au plus haut point d'attirer l'attention des érudits étrangers. Nous espérons que la nouvelle revue continuera dans cette bonne voie et saura se garder à la fois des déclamations vagues et soi-disant philosophiques trop goûtées en Espagne par les jeunes gens sans expérience, et de l'exclusivisme catalan, autre défaut grave qui caractérise trop souvent les publications historiques du nord-est de la Péninsule et qui pourrait avoir pour la Revue de funestes conséquences.

Il existe, comme bien l'on pense, d'autres publications périodiques qui accordent à l'occasion une certaine place aux questions historiques. Telles sont le *Museo de antigüedades*, dirigé par D. Juan de Dios de la Rada y Delgado, dont le but principal est de vulgariser la connaissance de l'art monumental et pictural de l'ancienne Espagne. L'épigraphie et la numismatique y sont aussi représentées par de bons travaux du P. Fita et de D. Francisco Codera y Zaidin; — la *Revista de la universidad de Madrid*, où l'on trouvera entre autres les premiers chapitres d'une *Histoire de l'instruction publique en Espagne et en Portugal* de D. Vicente de La Fuente. Enfin les revues littéraires, la *Revista de España*, la *Revista contemporánea*, la *Revista Europea*, la *Revista mensual de filosofía, literatura y ciencias de Sevilla* méritent souvent d'être consultées par l'historien.

COLLECTIONS DE DOCUMENTS INÉDITS. — Les richesses diplomatiques des grands dépôts d'archives espagnoles ont suscité la publication de trois collections de documents qui fourniront longtemps de bons matériaux aux historiens. La *Colección de documentos inéditos para la historia de España* se publie à Madrid. Après avoir été dirigée successivement par divers membres de l'Académie de l'Histoire, elle a passé depuis peu aux mains de deux érudits que nous connaissons déjà, le marquis de la Fuensanta del Valle et D. José Sancho Rayon. Les soixante-cinq volumes publiés jusqu'en 1876 présentent une masse énorme de textes historiques plus ou moins étendus, de pièces diplomatiques, surtout des lettres. Il est à regretter que cette immense moisson de documents historiques n'ait pas été présentée au public érudit avec plus d'ordre, des annotations et des tables de noms et de matières. Jusqu'en 1875 on n'avait pour se guider dans

---

1. Cette revue a pris la succession de l'ancienne *Revista historica-latina* qui a eu deux ans d'existence.

cette forêt qu'une table fort médiocre à la fin du tome XXX. Les nouveaux directeurs ont inauguré leur entrée en fonctions par deux tables qui se rapportent aux soixante et un premiers volumes et permettent de voir plus clair dans cet important recueil. Néanmoins bien des renseignements dispersés dans ces volumes resteront inutilisés par suite de l'absence de ces relevés méthodiques, sans lesquels un texte d'une certaine étendue ne peut être exploité par l'érudition. Il y a d'autres choses à critiquer. Les textes sont loin d'être toujours corrects, — on sent là une trop grande précipitation, — l'indication des originaux fait défaut souvent ou manque d'exactitude, enfin les éditeurs ne se sont pas toujours préoccupés de recourir aux meilleures sources; il arrive que le choix entre plusieurs manuscrits d'un même ouvrage n'a pas été déterminé par des principes critiques, mais par des circonstances toutes fortuites. Les derniers volumes de la *Coleccion de documentos inéditos* renferment les textes suivants : la *Relacion de lo que sucedió al padre fray Alonso Ponce en las provincias de la Nueva España, siendo comisario general de aquellas partes desde 1548 à 1588* (tomes LVII et LVIII); — deux relations des campagnes de Flandres de 1636 et 1642 par Jean-Antoine Vincart, secrétaire des avis secrets de guerre, puis des documents relatifs à la mission de Francisco de Galarreta en 1643 et au gouvernement du marquis de Castel Rodrigo en 1644 (t. LIX)[1]; — la *Primera parte de las Memorias de Matias de Novoa* (1584-1621). Ouvrage fort important en lui-même et que l'extrême pauvreté de la littérature historique de l'époque de Philippe III rend encore plus précieux. Dans une savante et sobre introduction, M. Cánovas del Castillo, aujourd'hui président du conseil des ministres de la monarchie espagnole, a prouvé d'une manière irréfutable que ces mémoires sont l'œuvre d'un chambellan de Philippe IV du nom de Matias de Novoa, et non pas, comme on l'avait cru jusqu'ici, de Bernabé de Vibanco, autre chambellan de ce souverain et de Philippe III (t. LX et LXI); — enfin l'*Historia de las Indias por el P. fray Bartolomé de Las Casas*, incontestablement une des plus importantes publications du recueil. On sait ce que représentent et ce livre et ce nom. En plein xvi⁰ siècle, à cette époque de feu et de sang, il s'est trouvé un homme pour protester avec toute l'énergie, je dirais même l'impétuosité, de son caractère, contre les traitements appliqués par ses propres compatriotes à des êtres qu'on considérait

---

[1]. On trouve une analyse très-complète des pièces qui forment ce volume dans Gachard, *Les bibliothèques de Madrid et de l'Escurial* (voy. *Revue historique*, t. I, 613).

alors comme appartenant à peine à l'espèce humaine, aux indigènes des Indes occidentales. Alors même que l'évêque de Chiapa n'aurait fait que s'élever en termes généraux contre les cruautés des colons et des gouverneurs militaires au nom des principes du christianisme, il n'en mériterait pas moins une belle place dans le petit groupe des vrais philanthropes, mais l'illustre évêque alla bien plus loin. Non-seulement il dénonça à ses compatriotes et à son souverain les iniquités commises au mépris du droit naturel, mais il attaqua, avec toute l'autorité que lui donnait une longue pratique de ces matières, les procédés eux-mêmes de colonisation, le système si dur pour les indigènes des *repartimientos*. Il est remarquable que les Espagnols aient attendu si longtemps pour rendre justice à un homme qui est l'honneur de son pays, et dont la vie et les œuvres atténuent en quelque sorte l'impression de férocité qui distingue la civilisation espagnole du xvie siècle. Je dis que cela est remarquable, car cette négligence est moins le fait d'un oubli que d'une intention systématique de laisser dormir les manuscrits de l'évêque de Chiapa, afin de ne pas discréditer un passé dont les souvenirs les plus tristes sont restés chers aux membres d'un certain parti [1]. Quelles que puissent être au reste les exagérations de Las Casas dans certaines circonstances, le point de vue défendu dans ses ouvrages est trop important pour ne pas mériter d'être remis en pleine lumière. Ensuite il est bon de rappeler que le côté polémique n'est pas tout dans l'histoire de Las Casas; cette histoire est en réalité la *source la plus importante* de l'histoire de la conquête des Indes occidentales et sa publication était un des desiderata les plus souvent formulés par les historiens du Nouveau-Monde. L'œuvre complète de Las Casas se compose non-seulement de cette histoire (écrite, comme le montrent les éditeurs, de 1552 à 1561 et non, comme on le croyait jusqu'ici, de 1527 à 1559), mais de l'*Historia apologética*, inédite, et de plusieurs traités dont une partie seulement a été publiée à Séville vers le milieu du xvie siècle. Nous engageons vivement les nouveaux directeurs de la *Coleccion de documentos inéditos*, qui ont eu le singulier mérite de rendre cette justice tardive à Las Casas, de nous donner bientôt ces précieux suppléments à l'ouvrage principal. Jusqu'ici ont paru les cinq tomes de l'*Historia de las Indias*,

---

[1]. C'est ainsi que D. Vicente Barrantes, dans le discours cité plus haut, déclare que Las Casas mérite plutôt la « réputation d'un calomniateur que d'un historien des conquêtes espagnoles », et il félicite l'Académie de l'Histoire de ne pas avoir débuté dans ses publications sur l'Amérique par les œuvres de l'évêque de Chiapa.

un sixième volume contiendra une biographie de Las Casas par D. Antonio María Fabié, qui est attendue avec une vive curiosité par tous les amis de la science.

La *Coleccion de documentos inéditos del archivo general de la corona de Aragon* est peut-être plus connue du public érudit de notre pays. On y trouve en effet quelques volumes qui intéressent presqu'autant l'histoire de plusieurs de nos provinces méridionales que celle du nord-est de la Péninsule. Le système de publication suivi par les archivistes de Barcelone donne prise aussi à diverses critiques. Les textes diplomatiques, surtout les textes latins, sont loin d'être correctement imprimés et la ponctuation est souvent si insuffisante qu'on en vient à se demander si les éditeurs ont toujours compris ce qu'ils imprimaient. Il y a cependant des volumes de la collection qui échappent à ces critiques. Tels sont les deux tomes consacrés par D. Manuel de Bofarull aux œuvres inédites de Pere Miquel Carbonell, chroniqueur catalan du XVe siècle, que le savant archiviste a fait précéder d'une très-bonne biographie. Les éditeurs de ce grand recueil auraient dû, ce semble, régler le choix des documents d'après un plan plus rigoureusement déterminé et mieux équilibré : ils nous ont donné ainsi treize volumes sur la guerre de Catalogne au temps de Juan II, tandis que d'autres époques au moins aussi importantes de l'histoire d'Aragon ne sont pas du tout représentées. L'avenir, je le sais, peut réparer ces lacunes : c'est pour cela aussi que je n'hésite pas à les signaler aux archivistes de Barcelone.

Séville, la grande capitale de l'Andalousie, qui rivalise en gloires de tout genre et en influence sur la civilisation générale avec les deux grandes cités du nord, Séville a voulu aussi apporter sa contribution aux recueils de documents inédits. Elle n'a eu qu'à laisser exploiter un de ses plus précieux dépôts, l'*Archivo de Indias*. Là se trouve pour ainsi dire enterrée l'histoire militaire, politique et administrative des colonies espagnoles, les relations des premiers explorateurs du nouveau continent, la correspondance des vice-rois et des divers agents du gouvernement central, les innombrables mémoriaux adressés au conseil des Indes par les sujets espagnols que le désir de s'enrichir dans les fameux *repartimientos* faisait émigrer en si grand nombre pendant les deux premiers siècles de la conquête. La *Coleccion de documentos relativos al descubrimiento, conquista y colonizacion de las posesiones españolas en América y Oceanía, sacadas en su mayor parte del R. Archivo de Indias, bajo la direccion de J.-F. Pacheco, F. de Cardenas y L. Torres de Mendoza*, qui se publie à Madrid et compte actuellement une vingtaine de volumes, a déjà mis en circulation une masse considérable de matériaux qui serviront un jour à terminer cette grande histoire du Nouveau-Monde, si magistralement commencée par le savant Muñoz et que personne jusqu'ici n'a eu le courage de reprendre et de mener à bonne fin.

Histoires générales. — L'*Historia general de España* de D. Modesto Lafuente, dont il se fait actuellement un nouveau tirage de l'édition économique en quinze volumes, continue à suffire aux besoins de l'Espagne lettrée. Il ne peut être question maintenant, où le courant pousse tous ceux qui s'occupent d'histoire à se renfermer dans des périodes très-limitées, à s'adonner aux recherches minutieuses que rend indispensables l'examen critique d'une fraction quelconque du développement historique; il ne peut être question, dis-je, de reconstruire, en lui donnant des bases plus solides, le monument que Lafuente a élevé à sa patrie. Au reste, à part les deux premiers volumes qui sont assez faibles, le livre de Lafuente est toujours consulté avec profit par qui veut s'orienter dans l'histoire de la Péninsule, et se laisse même lire de suite sans trop de fatigue. L'esprit qui anime cet ouvrage est un patriotisme excessif, qui a été la cause d'un certain nombre d'appréciations erronées; pourtant Lafuente ne va pas, comme d'autres de ses compatriotes, jusqu'à présenter l'Espagne comme la nation par excellence et les Espagnols comme particulièrement aimés des dieux; il croit jusqu'à un certain point à l'hérédité des fautes politiques et morales commises à diverses époques de la monarchie espagnole; enfin, quoique bon catholique, il n'est pas ultramontain, et c'est beaucoup par le temps qui court.

Aucune histoire d'une période un peu étendue de l'histoire politique d'Espagne n'a été publiée dans ces dernières années, mais en revanche nous avons vu paraître un ouvrage important sur l'histoire ecclésiastique. Je veux parler de la seconde édition très-augmentée de l'*Historia eclesiástica de España* par D. Vicente de La Fuente[1]. Je ne dirai pas de ce livre qu'il est bon ou qu'il est mauvais, je dirai qu'il est unique en son genre et qu'il faut bien s'en contenter, à moins d'avoir à sa disposition toute une bibliothèque d'ouvrages spéciaux. M. Vicente de La Fuente est un savant canoniste et un érudit de mérite auquel nous devons une excellente édition des œuvres de sainte Thérèse et bien d'autres travaux historiques et de droit canonique. Malheureusement les passions politiques et religieuses de l'auteur enlèvent à ses travaux la haute valeur qu'ils

---

1. Madrid, 1873-75, 6 vol. in-8°.

pourraient avoir s'il était capable de se placer au point de vue philosophique et impartial seul digne de l'historien. Cette histoire de l'église d'Espagne n'est par moments qu'un pamphlet des plus violents, et le style même y devient tout-à-fait indigne d'un livre sérieux. Le dernier volume surtout n'a plus rien d'une histoire, c'est une série de polémiques haineuses contre la société moderne, où l'on retrouve le ton et les procédés du journalisme ultramontain le plus exalté. Malgré ces défauts capitaux, je ne saurais trop recommander la lecture du livre de M. Vicente La Fuente à tous les érudits qui s'occupent sérieusement de l'histoire d'Espagne. A condition de ne tenir aucun compte des opinions de l'auteur, ils retireront de cette lecture un profit considérable, car cet ouvrage a l'avantage d'être fait d'après les sources originales et de contenir une partie bibliographique assez complète.

Un tableau d'ensemble d'un des facteurs les plus importants de la civilisation espagnole vient de nous être donné dans l'*Historia social politica y religiosa de los Judios de España y Portugal*[1], par D. José AMADOR DE LOS RIOS. Cet ouvrage est une refonte dans de beaucoup plus vastes proportions des *Estudios históricos, politicos y religiosos sobre los Judios de España*, publiés en 1849 et qui ont été appréciés très-sévèrement par les critiques compétents[2]. Evidemment M. Amador de los Rios ne possède de l'hébreu littéraire et de l'hébreu rabbinique qu'une teinture des plus légères; il est donc obligé ou d'abandonner toute une partie du sujet ou de se laisser guider les yeux fermés par autrui. Il est étrange de voir ainsi un érudit distingué et qui a beaucoup écrit se charger d'une tâche qu'il sait d'avance être au-dessus de ses forces; mais ces pratiques ne sont pas rares en Espagne, où n'existe pas une critique assez autorisée pour les dénoncer et où les revues scientifiques de l'étranger n'ont pas de lecteurs. Au reste la critique des hébraïsants portera son verdict sur ce nouvel ouvrage de l'académicien espagnol que nous nous contentons d'annoncer.

Nous devons dire quelques mots de l'excellent ouvrage du professeur de Barcelone D. MANUEL MILA' Y FONTANALS, *De la poesia heróico-popular castellana*, Barcelona, 1874, 8°, consacré aux divers cycles de la poésie épique-populaire de l'Espagne. L'histoire poétique est en Espagne peut-être plus encore qu'en France intimement liée à l'histoire vraie. Or, étudier les monuments de la poésie

---

1. Madrid, 1875-76, 3 vol. in-8°.
2. M. A. Neubauer d'Oxford a déclaré que ce livre « ne mérite aucune attention ». Voy. la *Revue critique* du 21 septembre 1872.

épique nationale, y distinguer les éléments primitifs des surcharges postérieures, montrer le développement que la matière poétique a subi au contact d'époques et d'idées différentes, expliquer enfin le travail inconscient du génie populaire, ses confusions, ses assimilations, c'est en même temps fournir à l'historien proprement dit une foule de jalons précieux qui lui permettent aussitôt de déterminer la valeur exacte de beaucoup de textes qu'il serait bien difficile d'apprécier sans ces secours. M. Milá du reste commence toujours par exposer tout ce qu'on sait de l'histoire vraie des personnages historiques devenus par la suite le centre de cycles poétiques; le chapitre relatif à Bernardo del Carpio nous a paru présenter à cet égard le plus de résultats nouveaux. La méthode qui a présidé à ces recherches est excellente, et l'abondance, la sûreté de l'érudition rachètent amplement quelques défauts du reste peu sensibles de composition. On peut dire sans aucune exagération que le livre de M. Milá est le premier essai critique d'une histoire de l'ancienne poésie épique castillane. M. Milá, chose rare dans son pays, est parfaitement au courant du mouvement scientifique européen dans les matières qu'il traite; il n'est pas parti à la découverte de terres soi-disant inconnues, sans se demander si on n'y avait pas passé avant lui, comme a fait trop souvent son émule D. José Amador de los Rios. Il est vraiment bien singulier qu'un livre d'un aussi haut mérite ait eu aussi peu de retentissement dans le pays même de son auteur. Je n'ai pu découvrir jusqu'ici dans toutes les revues espagnoles qui me sont tombées sous la main qu'un seul compte-rendu, assez médiocre du reste[1], d'une œuvre qui rappelle les meilleures productions de la vieille érudition espagnole.

Parmi les ouvrages qui traitent de périodes étendues de l'histoire nationale, mais en les restreignant à un point du territoire, il faut citer plusieurs histoires de villes espagnoles. N'ayant pu juger par moi-même de la valeur d'aucune de ces publications, je dois me borner à transmettre ici quelques titres. *Historia de la ciudad de Sevilla y pueblos importantes de su provincia desde los tiempos mas remotos hasta 1874, por* D. Joaquin Guichot (se composera de deux forts volumes in-8°). — *Historia de Málaga y su provincia, por* F. Guillen Robles. 1874. In-8°. — *Paseos por Córdoba, ó sean apuntes para su historia por* D. Teodomiro Ramirez de Arellano y Gutierrez (doit se composer de deux tomes in-8°). — *Historia de la*

---

1. Dans la *Revista Europea* par D. Francisco de Paula Canalejas. Ce compte-rendu a été tiré à part sous le titre : *De la poesia heróico-popular castellana*. Madrid, 1876, in-8°.

ciudad de Ronda, por Juan José Moreti. 1867. In-8°. — *Recuerdos de la villa de Laredo, por* A. Bravo y Tudela. 1873. In-8°. — *Apuntes de historia de Lérida por* D. José Pleyan de Porta. 1874. In-8°. — *Historia de la ciudad de Dénia, por* D. Roque Chabas. 1874. In-8°.

Ouvrages divers. — Une question qui a vivement occupé l'érudition historique en 1868 et les deux années suivantes est, on le sait, l'étrange maladie qui consuma pendant un demi-siècle la malheureuse Jeanne, fille de Ferdinand et d'Isabelle, mère de Charles-Quint, et que l'histoire a surnommée, non sans raison, la Folle. Dans deux publications parues la même année (1868)[1], G. A. Bergenroth[2] essaya de prouver, à l'aide des nombreux documents qu'il avait réunis, que la folie de Jeanne est une fable, inventée par son entourage, pour donner un prétexte à l'incarcération et aux mauvais traitements qu'elle aurait eu en réalité à subir pour crime d'hérésie. Aujourd'hui que les conclusions de Bergenroth ont été réfutées, notamment par MM. Gachard et Rösler[3], qui ont montré que l'accusation d'hérésie n'a aucun fondement sérieux et ont relevé les erreurs d'interprétation du savant allemand; aujourd'hui que la folie de Jeanne, au moins après son retour en Espagne en 1506, est un fait pleinement démontré, il convient de rendre justice au zèle persévérant de Bergenroth, dont l'admirable collection de textes, — qui sans lui et sans la munificence du gouvernement anglais dormirait encore dans les *legajos* de Simancas, — a seule permis à ses contradicteurs de le réfuter et de substituer à ses affirmations trop aventureuses une biographie critique de la malheureuse reine. Jusqu'à la publication de M. Rodriguez Villa, dont nous allons nous occuper, l'érudition espagnole ne s'est pas montrée dans cette affaire sous un jour très-favorable. Nous avons d'abord l'archiviste de Simancas, D. Manuel Murguía, qui, après avoir déclaré avec une légèreté remarquable que

---

1. *Supplement to volume I and volume II of letters, despatches and state papers, relating to the negotiations between England and Spain preserved in the archives at Simancas and elsewhere,* dans la collection du *Calendar of state papers* publiée à Londres sous la direction du Master of the Rolls. — *Kaiser Karl V und seine Mutter Johanna* (Historische Zeitschrift de Sybel, t. XX, 231-270), article qui n'est guère qu'un extrait du premier ouvrage.

2. Le malheureux savant ne devait pas survivre longtemps à ses publications. Il est mort à Madrid en 1870 des suites d'une fièvre contractée à Simancas et, à ce que nous apprend M. de Gayangos, son successeur au *Calendar,* « under circumstances much lamented by his friends and admirers ».

3. Un très-bon résumé de la question et des discussions qu'elle a suscitées a été donné par W. Maurenbrecher, *Studien und Skizzen zur Geschichte der Reformationszeit.* Leipzig, 1874, p. 75-98.

Bergenroth avait « omis dans les documents ce qui ne convenait pas à sa thèse »[1], s'est vu réfuté par des vérifications faites à la demande de M. Gachard, dans ces mêmes archives, et qui ont permis au savant archiviste de Bruxelles de déclarer que « les passages omis par M. Bergenroth n'ont aucune portée »[2]. Nous avons ensuite D. Vicente de la Fuente qui prend part à la discussion dans une très-pauvre brochure[3] où l'on ne trouve rien de nouveau, si ce n'est un aveu d'une fatuité bien ridicule : « En ces matières, » dit-il, « je suis très-indépendant et je préfère que nous décidions nous-mêmes nos questions, même les questions historiques[4]. » Quand on a si peu contribué à l'éclaircissement d'un problème historique, presqu'exclusivement étudié par des savants étrangers, on devrait avoir au moins la modestie de garder le silence.

D. Antonio Rodriguez Villa a compris que ce n'est pas avec des protestations aussi déplacées qu'on fait avancer la science; il a eu l'heureuse idée de présenter au public espagnol un choix des pièces les plus importantes concernant la reine Jeanne[5]. Aux pièces extraites du livre de Bergenroth et de la *Coleccion de documentos inéditos* il a joint quelques lettres tirées de la collection Salazar (Académie de l'Histoire) et d'autres bibliothèques privées. Enfin il a eu la bonne fortune de mettre la main, dans les archives d'Alburquerque[6], sur l'autographe de la lettre adressée par Jeanne, de Bruxelles, le 3 mai 1505, à monsieur de Veyre, ambassadeur de l'archiduc Philippe auprès de Ferdinand le Catholique, et dont on ne connaissait qu'une minute publiée dans la *Coleccion de documentos inéditos*, t. VIII, 291. Dans cette lettre, évidemment dictée par Philippe, Jeanne déclare à l'ambassadeur qu'il doit démentir les bruits relatifs à sa maladie, laquelle n'est autre chose qu'une vive jalousie. Puis vient cette phrase caractéristique : « Et alors même que je serais dans l'état où ils (les gens mal intentionnés) voudraient me voir (c.-à-d. folle), je n'enlèverais pas pour cela à mon seigneur mon mari le gouvernement de ces royaumes ni de tous les royaumes

---

1. « De los documentos que copió callando lo que le pareció oportuno. » Voyez les *Bulletins de l'Académie de Belgique*, t. XXVII (1869), p. 487.
2. Voy. les mêmes *Bulletins*, t. XXVIII, p. 365.
3. *Doña Juana la Loca vindicada de la nota de herejia*. Madrid, 1870.
4. « En estos puntos soy muy independiente, y prefiero que nuestras cuestiones, hasta las históricas, las arreglemos nosotros. »
5. *Bosquejo biográfico de la reina Doña Juana formado con los mas notables documentos relativos á ella*. Madrid, 1874, in-8°.
6. Le titre de duc d'Alburquerque et par conséquent les archives de cette maison appartiennent aujourd'hui au duc de Sexto, majordome du roi Alphonse XII.

du monde s'ils m'appartenaient, etc. » Cette découverte répond directement à M. Maurenbrecher (voy. *liv. cité* p. 84, note), qui, se fondant sur la seule existence d'une minute, pensait que la manœuvre de Philippe avait avorté et qu'il n'avait pas pu obtenir de Jeanne une lettre de sa main. Je dois dire pourtant qu'il n'est pas absolument certain que la lettre ait été envoyée à destination : M. Rodriguez Villa observe en effet qu'on distingue encore fort bien les plis de la missive, mais que l'adresse extérieure manque.

Nous devons encore au même érudit deux autres contributions à l'histoire de la maison d'Autriche. La première est une collection diplomatique considérable sur le sac de Rome de 1527 par l'armée impériale, sous les ordres du connétable de Bourbon [1]. Cette collection comprend la partie la plus importante de la correspondance des agents de Charles-Quint en Italie pendant cette année mémorable; elle procède surtout des originaux de la magnifique collection Salazar, puis de la riche bibliothèque de D. Pascual de Gayangos. A l'aide de ces pièces et des relations historiques contemporaines, soigneusement réimprimées par M. Carlo Milanesi [2], on pourrait dès maintenant entreprendre dans de bonnes conditions l'histoire détaillée de cet épisode critique de la lutte de Charles-Quint et de Clément VII. Un point curieux, sinon très-important, que le futur historien du sac devra tirer au clair, est la part que le célèbre artiste Benvenuto Cellini prétend avoir eue dans la mort du connétable de Bourbon [3].

Dans les *Etiquetas de la casa de Austria* (Madrid, 1876, in-8°) M. Rodriguez Villa nous a donné la description du cérémonial de la maison d'Autriche, depuis le jour où Charles-Quint fit ordonner la maison de son fils à la mode bourguignonne jusqu'à la fin du XVIIe siècle. C'est un petit guide précieux qu'il est bon d'avoir sous la main quand on travaille sur l'histoire moderne de la Péninsule et qui épargnera à l'avenir bien des recherches fastidieuses.

Pour en finir avec M. Rodriguez Villa et son activité scientifique, activité d'autant plus louable qu'elle est rare en Espagne, nous citerons une notice biographique sur Diego Hurtado de Mendoza, premier comte de la Corzana [4], qui joua un rôle important dans les

---

1. *Memorias para la historia del asalto y saqueo de Roma en 1527 por el ejército imperial formadas con documentos originales, cifrados é inéditos en su mayor parte.* Madrid, 1875, in-8°.
2. *Il sacco di Roma del M D XXVII, narrazioni di contemporanei scelte per cura di Carlo Milanesi.* Firenze, 1867.
3. Voyez *La Vita di Benvenuto Cellini scritta da lui medesimo.* Edition B. Bianchi. Firenze, 1866, p. 75.
4. *Noticia biográfica y documentos históricos relativos á Don Diego Hurtado de Mendoza, primer conde de la Corzana.* Madrid, 1873, in-8°.

négociations du projet de mariage entre le prince de Galles et l'infante Marie, sœur de Philippe IV, puis une série de lettres de Pedro Ronquillo, envoyé par Marie-Anne d'Autriche en Pologne en 1674 pour appuyer l'élection de Charles de Lorraine [1].

Le tome second des *Estudios literarios* de D. Antonio Canovas del Castillo contient plusieurs morceaux historiques qui, bien que d'une date un peu ancienne, méritent d'autant plus d'être signalés ici qu'ils sont peu connus en France. Dans les *Memorias de Italia* (p. 203-326) nous trouvons deux études intéressantes, l'une sur la bataille de Pavie, l'autre sur le sac de Rome; dans les *Articulos varios*, un tableau bien tracé du rôle militaire de l'Espagne dans la politique européenne, intitulé *Del principio y fin que tuvo la supremacia militar de los Españoles en Europa, con una relacion y algunas particularidades de la batalla de Rocroy*: le tout exposé dans un style facile et élégant qui, sans porter préjudice à la précision scientifique, donne un attrait de plus aux travaux de cet historien si distingué que la politique militante éloigne maintenant, et pour longtemps peut-être, de ses études favorites.

Aux meilleurs produits de l'érudition espagnole de notre époque appartient incontestablement la Galerie des hommes illustres de Cuenca, due au zèle infatigable de l'illustre économiste, D. Fermin Caballero, l'auteur du *Fomento de la poblacion rural en España*, dont la mort toute récente a clos trop brusquement une admirable carrière, consacrée tout entière à la science et au bien de son pays. Vers la fin de sa vie, Fermin Caballero, qui avait toujours porté de l'intérêt aux études historiques, s'éprit d'un vif amour pour les grands hommes de sa ville natale, et sans tenir compte des fatigues de l'âge et des infirmités (il est mort presque aveugle), il se mit au travail avec un courage qui faisait l'étonnement et l'admiration de tous ceux qui ont eu le bonheur de l'aider dans ses recherches. En sept années il a pu terminer quatre volumes et en préparer un cinquième qui sera sans doute publié par ses amis [2]. Les trois volumes des *Conquenses ilustres* qui nous intéressent le plus sont la *Vida de Melchior Cano* (t. II, 1871), le savant dominicain, l'adversaire des Jésuites et un des plus grands théologiens de l'Espagne,

---

1. *Mision secreta del embajador D. Pedro Ronquillo en Polonia* (1674) *segun sus cartas originales al marques de los Balbases, embajador en la corte de Viena*. Madrid, 1875, in-8°.

2. D. Fermin poussait l'amour de la science jusqu'à ne vouloir tirer aucun profit matériel de ses publications. Il les distribuait à tous ceux qui les lui demandaient et ne faisait mettre en vente qu'un petit nombre d'exemplaires à un prix qui ne représentait pas même les frais d'impression.

l'auteur du fameux mémoire remis à Philippe II sur ses différends avec le pape Paul IV ; — les *Noticias de la vida, cargos y escritos del doctor Alonso Diaz de Montalvo* (t. III, 1873), célèbre jurisconsulte du xve siècle, le premier éditeur de l'*Ordenamiento de Alcalá;* du *Fuero real de España*, des *Ordenanzas reales de Castilla*, et le commentateur des *Siete Partidas;* enfin *Alonso y Juan de Valdés* (t. IV, 1875). Venu après des érudits aussi distingués que D. Luis Usoz y Rio, Benjamin Wiffen et Eduard Boehmer, qui avaient déjà amassé tant de faits sur l'histoire des deux Valdés, Fermin Caballero a été déchargé du premier travail d'orientation et a pu diriger ses recherches en toute connaissance de cause. Il a le premier nettement distingué (autant du moins que les documents qui subsistent le permettent) la part qui revient à chacun des frères, Alonso et Juan, dans les actes politiques, les opinions religieuses et les écrits historiques, littéraires et théologiques qu'on attribuait jusqu'ici, sans preuves suffisantes, tantôt à l'un, tantôt à l'autre. Une admirable collection de quatre-vingt-cinq pièces justificatives accompagne ce volume, le dernier qui soit sorti de la plume de l'érudit regretté. Ce qui distingue avant tout les travaux de Fermin Caballero, c'est la conscience dans les recherches et l'amour exclusif de la vérité; il ne discute un point, il n'établit un fait qu'après s'être entouré de toutes les informations qui lui ont été accessibles. Il expose les résultats de ses investigations avec fermeté, sans craindre de blesser les préjugés nationaux ou les opinions religieuses de ses compatriotes, mais aussi sans vaines déclamations et sans ces rapprochements avec l'heure présente qui sont presque toujours inutiles et souvent nuisibles au véritable livre d'histoire. J'ai entendu louer le style de Caballero ; son célèbre mémoire économique est en effet bien écrit, mais je ne saurais en dire autant de ses dernières publications historiques. On y sent l'écrivain désireux de condenser au plus vite une masse énorme d'informations et contraint de renoncer, je ne dis pas aux effets de style, mais même à une disposition plus artistique de ses matériaux. Au reste peu importe : le mérite de Caballero n'est pas dans la forme, il est dans le fond, ce qui vaut beaucoup mieux.

A l'impulsion d'un des plus savants membres de l'Académie de l'Histoire, D. Aureliano Fernandez Guerra, est due la création de prix annuels[1] destinés aux meilleurs manuels bibliographiques d'une branche quelconque de l'activité scientifique ou littéraire en Espagne. Jusqu'ici l'histoire proprement dite a moins bénéficié de

---

1. *Annuel* est un adjectif qui n'a pas toujours en Espagne le même sens qu'ailleurs ; ce mot signifie ici « quand il plaît au ministre ».

cette institution que la littérature ou les sciences naturelles. Cependant d'un de ces concours est sorti le *Diccionario bibliográfico-histórico de los antiguos reinos y provincias de España* par D. Tomas Muñoz y Romero, qui est entre les mains de tous ceux qui s'occupent de l'histoire provinciale de la Péninsule. Nous avons ensuite le *Catálogo razonado de los libros, memorias y papeles que tratan de las provincias de Extremadura*, par D. Vicente Barrantes, travail que l'auteur a refondu dans un ouvrage de beaucoup plus grandes proportions qui se publie actuellement[1]. Il est à désirer que la publication de ces répertoires bibliographiques prenne encore plus d'extension, car rien ne peut plus contribuer à la connaissance exacte des sources de l'histoire. Le patriotisme de clocher qui est encore si vif en Espagne trouverait là une occasion favorable, et dont profiterait la science, de mettre en relief l'importance historique de telle province ou de telle ville que la centralisation politique a presque annulée. C'est ainsi qu'on peut voir déjà par un catalogue de livres et de documents relatifs à la Galice combien l'état actuel de cette province répond peu au rôle considérable qu'elle a joué autrefois dans la monarchie espagnole[2].

Une autre entreprise officielle décrétée en 1869 n'a point encore produit les résultats qu'on serait en droit d'en attendre. Le ministre de *fomento* de l'époque avait ordonné la publication de mémoires historiques sur toutes les universités espagnoles. Jusqu'ici, à ce que je crois, quatre seulement de ces établissements scientifiques ont répondu à l'appel du ministre[3]. La *Memoria histórica de la universidad de Salamanca* par D. Alejandro Vidal y Diaz (Salamanque, 1869, in-8°) est un volume de six cents pages, qui aurait amplement suffi à nous faire connaître l'histoire de la célèbre université, les méthodes de son enseignement et le rôle si important joué par elle à la fin du moyen âge et pendant les xvie et xviie siècles, si l'auteur s'était mieux préparé à cette tâche et s'il n'avait pas cru de son devoir de répondre aux ordres du ministre avec une précipitation, qui, en de telles matières, ne peut avoir que de mauvais résultats.

1. *Aparato bibliográfico para la historia de Extremadura.* Madrid, 1875, in-8°, t. I (l'ouvrage aura trois volumes).
2. *Ensayo de un catálogo sistemático y crítico de algunos libros, folletos y papeles que tratan de Galicia*, por Villa-amil y Castro. Madrid, 1876, in-8°.
3. Salamanque, Oviedo, Valence (par la plume de D. Vicente Velasco y Santos), Saragosse (par celle de l'érudit apprécié D. Geronimo Borao, connu déjà par un *Dictionnaire du patois aragonais* et un travail sur l'imprimerie à Saragosse). N'ayant sous les yeux que le mémoire relatif à Salamanque, je ne saurais dire si les trois autres publications ont également un caractère officiel, ou si elles ont été simplement suscitées par la circulaire ministérielle.

Cinq mois sont un délai tout-à-fait insuffisant, je ne dis pas pour faire l'histoire de l'université de Salamanque, mais même pour présenter un résumé exact et bien coordonné avec pièces à l'appui du développement de ce grand milieu scientifique. Aussi la compilation de M. Vidal ne représente-t-elle qu'un amas de notes groupées à la hâte en quelques chapitres et suivies d'appendices qui ne renferment pas à beaucoup près ce qu'on voudrait y trouver, tandis que d'autres sont inutiles[1]. Enfin M. Vidal ne paraît pas très au courant de l'histoire des deux grandes universités du moyen âge qui ont eu le plus d'influence sur les établissements d'enseignement en Espagne : Paris et Bologne. Nous nous contentons de renvoyer l'auteur à l'excellent ouvrage de M. Charles Thurot, *De l'organisation de l'enseignement dans l'université de Paris au moyen âge* (Paris, 1850) et au troisième volume de l'*Histoire du droit romain au moyen âge* de Savigny.

Le *Diccionario militar etimológico, histórico, tecnológico*[2] par D. José ALMIRANTE, colonel du génie, est un livre qui aurait pu rendre de grands services aux historiens, si l'auteur l'avait composé avec une connaissance quelque peu complète du sujet. Malheureusement il n'en a point été ainsi. Je laisse à d'autres le soin de juger la partie purement technique et me contente de déclarer que le côté étymologique est dénué de toute valeur, l'auteur n'ayant aucune compétence en cette matière, et que la partie historique est fort incomplète et mal exposée. Le colonel Almirante a surtout exploité l'*Historia orgánica de las armas de infanteria y caballeria españolas*, du comte de Clonard, qui est un arsenal de notices précieuses mais mal ordonnées ; ce qu'il a ajouté manque de précision et dénote une étude des sources tout-à-fait insuffisante. L'auteur en outre se laisse aller partout à exposer ses vues personnelles sur l'histoire militaire de son pays et sur l'organisation actuelle de l'armée espagnole : de là un verbiage incessant bien peu digne d'un livre d'histoire et qui en rend la lecture d'autant plus fatigante[3].

---

1. Ainsi le *Catalogo de escritores y hombres ilustres de Salamanca y de su universidad* fait double emploi, pour le XVIe et le XVIIe siècle, avec une des tables de la *Bibliotheca nova* de Nicolas Antonio. — Sur la cérémonie du *vitor* (voyez p. 234) M. Vidal aurait trouvé tous les détails désirables dans l'*Apparatus latini sermonis* de Melchior de La Cerda.
2. Madrid, 1869, grand in-8°. Bien qu'il porte la date de 1869 ce livre n'a été publié qu'en 1874.
3. Pour donner une idée des lacunes de ce livre je ne citerai qu'un fait. La monarchie espagnole avait à son service dans la seconde moitié du XVIIIe siècle un régiment nommé *Regimiento de infanteria de Brabante*, qui a été commandé

La grande *Biblioteca de autores españoles de Rivadeneyra*, qui a pour ainsi dire remis en circulation l'ancienne Espagne littéraire, vient de nous donner le premier volume d'une collection des chroniques royales de Castille. Ce premier volume, édité par D. Cayetano Rosell, va d'Alphonse X à Pierre le Cruel. Les chroniques d'Alphonse X, de Sancho I et de Ferdinand IV ont été publiées d'après un manuscrit de la bibliothèque nationale de Madrid, les deux autres chroniques d'Alphonse XI et de Pierre I ne sont que de simples réimpressions des éditions imprimées par Sancha au siècle dernier sous les auspices de divers membres de l'Académie de l'Histoire. Ce nouveau recueil ne peut élever aucune prétention érudite. Sans doute le texte des deux premières chroniques vaut mieux que celui des vieilles éditions du xvie siècle, mais à cette seule révision se borne à peu près le travail original de l'éditeur. Il s'est abstenu de toutes notes critiques et explicatives, et les tables chronologiques et alphabétiques d'événements importants et de noms, qui ne devraient jamais manquer dans de tels livres, brillent ici par leur absence. Quoi qu'il en soit, cette compilation est fort utile et avait sa place marquée dans la grande bibliothèque Rivadeneyra. Il est à désirer qu'en avançant dans sa publication M. Rosell lui imprime un caractère un peu plus personnel et ne suive pas l'ornière où se sont maintenus ses prédécesseurs. Ainsi ne pourrait-il pas nous donner le texte primitif de la *Crónica* de Juan II au lieu du *rifacimento* de Fernan Perez de Guzman, et pour l'époque d'Henrique IV la *Crónica* d'Alonso de Palencia[1] ? Il ne serait pas mauvais non plus d'élargir un peu le cadre de la collection, surtout pour l'époque des Rois Catholiques, et d'y faire entrer quelques ouvrages inédits ou peu connus.

La Catalogne, qui a produit dans la première moitié du siècle plusieurs historiens de mérite, ne paraît pas s'être distinguée dans ces dernières années[2]. Je ne vois guère à signaler qu'un ouvrage sur

---

par un personnage aussi important que le prince Manuel de Salm-Salm. Or, ni à l'article *Valones*, ni à l'article *Naciones*, où l'on est obligé de recourir faute d'un article spécial, on ne trouve un mot sur l'histoire de ce régiment.

1. Je sais bien que cette chronique en langue vulgaire est probablement attribuée à tort à Palencia, puisqu'elle se trouve en désaccord sur plusieurs points avec les *Décades* latines dont l'authenticité est pleinement démontrée et que les manuscrits qui nous l'ont conservée ne remontent guère au-delà du milieu du xvie siècle, mais pour faire sortir la question de l'état vague où elle est encore un texte imprimé de la *Crónica* est absolument indispensable.

2. Ce jugement est peut-être trop défavorable : il est bien difficile de se tenir au courant du mouvement historique en Catalogne. Les revues de Madrid n'en parlent pas et les érudits catalans n'envoient pas leurs ouvrages aux revues françaises.

les anciennes institutions représentatives de ce pays, *Las cortes catalanas, estudio jurídico y comparativo de su organizacion* etc. par D. José COROLEU É JUGLADA et D. José PELLA Y FORGAS (l'un des directeurs de la *Revista histórica*), qui, à en juger par une lecture très-rapide, présente un tableau assez complet et bien *documenté* des organes parlementaires de l'ancienne Catalogne. On annonce depuis quelque temps la publication de l'histoire générale de Catalogne par D. ANTONIO BOFARULL; les érudits catalans fondent de grandes espérances sur ce travail depuis longtemps préparé de l'archiviste de Barcelone et destiné à remplacer avantageusement l'ouvrage très-insuffisant du littérateur bien connu, Victor Balaguer.

Plusieurs des discours prononcés dans ces dernières années aux séances de réception de l'Académie de l'Histoire occupent une place fort honorable dans la littérature historique. Ce sont de véritables monographies savantes auxquelles une certaine phraséologie un peu pompeuse, qui rappelle le lieu et l'occasion où elles ont été lues, n'enlève pas l'essentiel, c'est-à-dire l'érudition critique. D'amples annotations, supprimées à la lecture, apportent au reste dans le texte imprimé la justification des faits allégués dans la partie principale. Nous citerons entre autres l'étude de D. JUAN FACUNDO RIAÑO [1] sur la *Crónica general* attribuée à Alphonse X le Savant. L'érudit académicien montre que cette grande compilation historique, qui se divise en deux parties, — l'une consacrée à l'histoire du monde (la *General é grand estoria*), l'autre à l'histoire particulière de l'Espagne (la *Coronica* ou l'*Estoria de Espanna*), — est bien le produit d'une conception unique, d'un plan arrêté par la seule intelligence du *roi savant*, mais que l'exécution en a été remise aux divers savants qu'Alphonse avait su grouper autour de lui pour mener à bonne fin ses vastes entreprises littéraires, juridiques et scientifiques. Le roi n'est donc pas l'auteur de la *Chronique générale* dans le sens où nous prenons aujourd'hui le mot auteur, il en est l'inspirateur et l'ordonnateur. — Le travail de D. ALEJANDRO LLORENTE (Madrid, 1874, in-8°) nous transporte aux premières années du XVII° siècle : c'est la biographie de Cárlos Coloma, militaire distingué, diplomate habile (il fut ambassadeur en Angleterre à deux reprises, en 1622 et 1630), l'auteur estimé des *Guerres des Pays-Bas* de 1588 à 1599. Les péripéties de la carrière de Coloma, en même temps qu'un des côtés les plus importants de cette étrange diplomatie espagnole du règne de Philippe III et des premières

---

1. *Discursos leidos ante la Academia de la Historia en la recepcion pública* de D. JUAN FACUNDO RIAÑO. Madrid, 1869, in-8°.

années de son successeur, sont retracés ici avec une sûreté de main et une abondance de détails qui témoignent d'un sens historique très-juste et d'une information aussi complète que possible. — Le troisième discours (Madrid, 1875, in-8°) nous ramène à la fin du xv° siècle. Dans une centaine de pages très-nourries l'auteur, D. Antonio María Fabié, a reconstitué habilement la biographie d'un homme qui a marqué comme érudit, historien et politique sous le triste règne d'Enrique IV et le début du gouvernement des Rois Catholiques, Alfonso de Palencia. Cette étude, déjà très-remarquable sous sa première forme, vient d'être tout récemment remaniée par le savant académicien : il en a fait l'introduction d'une curieuse réimpression de deux traités de Palencia [1], qui intéressent autant l'histoire de la langue que celle des idées d'une époque de fermentation intellectuelle et morale et qui mériterait d'être beaucoup mieux étudiée.

L'Espagne comptera toujours au nombre de ses gloires les plus pures les produits de ses arts plastiques, notamment de ses grandes écoles de peinture du xvii° siècle. A ceux qui pour la mieux comprendre tendent à reconstruire par l'imagination l'Espagne du passé et à s'abstraire du spectacle peu enchanteur de l'Espagne contemporaine, on ne saurait indiquer de meilleur moyen qu'une visite à l'incomparable musée royal de Madrid. Un portrait de Velasquez, une scène de Ribera, une vierge de Murillo révélera à l'historien un côté vivant des choses anciennes que les lectures les plus vastes ne feront jamais sentir. Les Espagnols sont avec raison très-pénétrés de l'originalité et du génie de leurs grands maîtres, mais ils sont loin d'avoir élevé à leur ancienne peinture le monument historique dont elle est digne. Pour le moment on se contente de mettre au jour des documents inédits. D. Manuel Remon Zarco del Valle, le savant bibliothécaire du roi d'Espagne, a publié dans le tome LV de la *Coleccion de documentos inéditos* (Madrid, 1870) une série importante de pièces relatives aux peintres de l'ancienne école de Valence, à divers artistes du temps des Rois Catholiques, enfin à Velazquez. Il est un artiste qui, bien que d'une nationalité étrangère, intéresse vivement les Espagnols. Cet artiste est Rubens. Dans un livre publié l'année dernière [2], M. G. Cruzada Villaamil nous expose en six chapitres une des périodes les plus importantes de la vie du grand artiste. Il

---

1. *Dos tratados de Alfonso de Palencia con un estudio biográfico y un glosario.* Madrid, 1876, in-8° (*Libros de Antaño*, t. V).
2. *Rubens diplomático español, sus viajes á España y noticias de sus cuadros.* Madrid, in-8°.

raconte le premier voyage de Rubens en Espagne (1603) en qualité d'envoyé du duc de Mantoue, d'après les curieux documents publiés par M. Armand Baschet dans la *Gazette des Beaux-Arts* (et reproduits dans le tome VI de *El arte en España*), ses négociations avec le gouvernement anglais au nom de Philippe IV en 1627, son second voyage en Espagne en 1628, sa mission en Angleterre en 1629 et 1630, et termine par un catalogue des tableaux de Rubens d'après les inventaires des maisons d'Autriche et de Bourbon. Il est fort à regretter qu'au sujet des négociations diplomatiques de Rubens M. Cruzada n'ait pas pris connaissance de l'ouvrage capital de M. W. Noël Sainsbury[1], au moyen duquel il aurait pu compléter plusieurs questions que les documents tirés de Simancas laissent dans le vague. Ainsi M. Cruzada présente à tort Baltasar Gerbier comme un « envoyé du roi de Danemarck[2] ». La vérité est que ce maître d'hôtel du duc de Buckingham, peintre et architecte de Charles I*er*, qui avait connu Rubens à Paris en 1625, n'a jamais négocié qu'au compte de l'Angleterre. Je dirai même qu'on ne voit clair dans les lettres adressées par Rubens au gouvernement espagnol, surtout au comte-duc d'Olivares, qu'en ayant sous les yeux le livre de Sainsbury, qui comble très-complètement les lacunes de cette correspondance. La dernière partie de l'ouvrage de M. Cruzada intéressera surtout les historiens de l'art. Ainsi l'auteur a relevé dans l'*Arte de la pintura* de Pacheco un passage important sur les relations du gendre de celui-ci, Diego Velazquez, avec le peintre flamand : les deux grands artistes auraient « correspondu par lettres » avant 1628, époque du second voyage de Rubens en Espagne. M. Cruzada considère les *Borrachos* du Musée Royal de Madrid comme le premier produit de l'influence de Rubens sur le peintre espagnol.

Je mentionnerai encore deux publications assez minces, mais qui ne manquent pas d'utilité et d'intérêt. Les *Apuntes históricos sobre el archivo general de Simáncas* par D. Francisco Romero de Castilla

[1]. *Original unpublished papers illustrative of the life of sir P. P. Rubens as an artist and a diplomatist preserved in H. M. State Paper Office.* London, 1859, in-8°.

[2]. M. Cruzada nomme toujours ce personnage *Gerbiers* et ne lui connaît pas de nom de baptême. La lettre sans date, publiée pp. 101-107, ne paraît pas être de Rubens; en tout cas le « residente del rey de Dinamarca » auquel il y est fait allusion n'a rien à faire avec Gerbier. Voy. une autobiographie de ce personnage dans Sainsbury, loc. cit. p. 316, et les compléments donnés par A. van Hasselt dans l'*Art universel* de 1874 (cité par A. Voltmann, *Kleine Schriften von Gustav Friedrich Waagen*, Stuttgart, 1875, p. 261. Le travail de Waagen, complété par son éditeur, est encore ce qu'on a de mieux sur l'ensemble de la vie du grand artiste).

y Perosso (Madrid, 1871, in-8°)[1] donnent sur l'histoire de ce grand dépôt d'archives tous les renseignements désirables et présentent un tableau sommaire des richesses historiques qu'il renferme. Ce petit livre est destiné à devenir le vade-mecum des malheureux érudits que l'amour de la science poussera à s'enfermer dans la terrible forteresse, où le gouvernement espagnol persiste à conserver des collections dont l'intérêt est purement historique, au lieu de les placer à la disposition des savants dans un milieu civilisé.

L'autre opuscule, qui porte le titre un peu risqué de *Picaronas y alcahuetes ó la mancebia en Valencia* (Valencia, 1876, in-8°), est une histoire des règlements administratifs appliqués à Valence, du XIV° au XVI° siècle, à la prostitution avouée. L'auteur M. Manuel Carboneres, connu par deux autres publications sur l'histoire de Valence, s'est uniquement appuyé dans cette étude sur les documents des archives municipales de cette ville.

Qu'il me soit permis en dernier lieu de signaler à l'attention des érudits qui étudient le XVI° siècle un texte historique, dont la publication toute récente est due à l'initiative de M. Cánovas del Castillo et à laquelle l'auteur de ces lignes a pris une certaine part. Il s'agit de la relation du voyage de Philippe II en 1585 en Aragon, en Catalogne et dans le royaume de Valence, voyage que le roi entreprit pour marier sa fille Catherine avec le duc de Savoie et pour tenir les *córtes* des trois provinces du nord-est à Monzon, où devait être *juré* le prince des Asturies, plus tard Philippe III[2]. L'auteur de cette relation est un archer hollandais de la Garde espagnole du nom de Henri Cock. Doué d'un vrai talent d'observation et animé d'un vif désir de s'instruire, ce soldat nous a laissé sur cet épisode de la vie de Philippe II et sur les usages, les mœurs, l'état politique et social des provinces qu'il parcourut à la suite de son souverain un témoignage d'autant plus précieux qu'il met en lumière certains côtés de la civilisation espagnole absolument négligés par le commun des historiens.

Il m'est impossible d'interrompre brusquement ces analyses, qui, tout imparfaites qu'elles soient, donneront cependant une idée d'une bonne partie au moins du mouvement historique en Espagne, sans présenter quelques observations générales sur l'importance et la valeur

---

1. J'ai donné de cette publication une analyse étendue dans la *Revue critique* du 15 mai 1875.

2. *Relacion del viaje hecho por Felipe II, en 1585, á Zaragoza, Barcelona y Valencia, escrita por Henrique Cock, y publicada por* Alfredo Morel-Fatio y Antonio Rodriguez Villa.

de ces contributions au progrès de la science qui nous occupe. Si l'on compare l'ensemble de ce mouvement avec la dernière période brillante des sciences historiques en Espagne, la seconde moitié du xviiiᵉ siècle, on ne peut pas s'empêcher de sentir vivement la décadence de l'Espagne contemporaine. Ce n'est pas seulement que la moyenne des travaux d'érudition de nos jours soit inférieure aux produits de la science tant laïque qu'ecclésiastique de l'époque de Ferdinand VI et de Charles III, et même des dernières années du xviiiᵉ siècle; le fait grave et qui dénote une sensible décadence est l'abandon dans lequel sont laissées, non-seulement plusieurs sciences auxiliaires très-cultivées autrefois, mais même des périodes considérables de l'histoire nationale [1], parce que la science et l'aptitude, l'initiative et la persévérance, indispensables en ces matières, font malheureusement défaut. Bien qu'il me soit interdit de sortir des limites de ma compétence, je ne puis m'empêcher de remarquer que la collection générale des inscriptions romaines de l'Espagne a été publiée par un savant allemand, M. Emil Hübner, dans le *Corpus* de l'Académie de Berlin, que la première histoire monétaire de la Péninsule a été faite par un Français (Aloïs Heiss) [2], que dans un pays qui doit tant à la civilisation arabe on ne compte que deux ou trois arabisants dont la science soit de bon aloi et pas un seul rabbiniste, malgré la grande importance du rôle joué par les Juifs dans l'Espagne du moyen âge, qu'enfin l'étude du basque est abandonnée complètement à des savants étrangers. Si nous revenons aux études qui nous sont familières, le spectacle n'est pas beaucoup plus brillant. En matière de paléographie et de diplomatique rien n'a été fait depuis bien longtemps; la philologie, même la philologie romane, est un science presque ignorée, les études étymologiques ne sont point encore sorties de la période de fantaisie pure et à peu près tout ce qu'on sait sur l'histoire de la langue castillane est dû aux travaux des étrangers que les Espagnols ne se donnent même pas la peine de lire. Je viens de dire que l'érudition historique a délaissé plusieurs périodes de l'histoire nationale; or, il ne s'agit pas seulement ici des origines difficiles de l'histoire d'Espagne dont l'étude exige une érudition très-variée et pénétrante, mais cet abandon porte

---

1. Il est à peine besoin de dire qu'aujourd'hui l'activité historique est exclusivement restreinte à l'histoire nationale. Tout ce qui sort de ce domaine n'est que manuels scolaires, traductions ou plagiats de livres étrangers et par conséquent ne mérite aucune attention.

2. Pourtant la numismatique est de toutes les sciences auxiliaires de l'histoire la plus cultivée aujourd'hui en Espagne; les noms des numismates distingués Delgado et Codera sont bien connus en France.

même sur toute l'époque visigothique que les Allemands sont seuls pour le moment à étudier. On étonnerait probablement beaucoup les Espagnols en leur découvrant que l'histoire du droit et des institutions, et même l'histoire politique de la monarchie visigothique, a été refaite dans ces dernières années par le professeur Dahn [1]. Un autre obstacle au développement des études historiques est l'absence de toute critique scientifique indépendante et sérieuse. Qu'arrive-t-il en Espagne à un érudit qui s'avise de publier le fruit de ses labeurs ? Dans le milieu, la coterie politique ou littéraire dont il fait forcément partie, il lui sera facile d'obtenir des articles de complaisance, mais ces articles, qui ne seront que des éloges dictés par l'amitié ou la camaraderie, ne manqueront pas de susciter des attaques également personnelles, ou bien on organisera autour de son livre la grande conspiration du silence. Je me suis étonné plus haut du peu de retentissement qu'a eu en Espagne le livre hors ligne de M. Manuel Milá y Fontanals ; j'ai eu tort, connaissant les habitudes de cet esprit de coterie qui tient lieu dans ce pays d'une critique scientifique. M. Milá est catalan, cela suffit ; les oracles de la *córte*, qui trouveraient difficilement à dire du mal de cet ouvrage, gardent un silence prudent, mais qui ne leur fait pas honneur.

A quoi donc faut-il attribuer cette décadence, non-seulement de la science historique, mais de l'esprit scientifique ? En grande partie aux désordres politiques de l'Espagne depuis le commencement du siècle. La guerre de l'Indépendance, que beaucoup considèrent encore comme le début d'une ère nouvelle, de la régénération de l'Espagne, comme une sorte de tribut payé à la civilisation européenne par l'enfant prodigue qui s'était longtemps tenu à l'écart, la guerre de l'Indépendance peut revendiquer une large part dans l'abaissement scientifique du pays. On doit admirer sans doute le déploiement de patriotisme des Espagnols depuis le 2 mai 1808 jusqu'à la chute de Napoléon, mais il ne faut pas oublier que cette grande manifestation patriotique a maintenu toute une génération dans un état voisin de la barbarie [2], a ruiné pour longtemps les institutions, les forces économiques et scientifiques

---

1. Dans les tomes V et VI de l'ouvrage intitulé : *Die Kœnige der Germanen*, Würzburg, 1870-71, in-8°, et les *Westgotische Studien*, Würzburg, 1874, in-4°.
2. Sans les habitudes contractées pendant cette guerre, jamais les luttes civiles de l'Espagne contemporaine n'auraient pu prendre les proportions que nous savons. Enfin l'*espagnolisme* et la bigoterie stupide, ces deux plaies de tous les petits centres de population en Espagne (lisez à ce sujet *Doña Perfecta* de Perez Galdos), peuvent être considérés comme le produit le plus clair de l'état social créé par la guerre de l'Indépendance.

de la nation, et qu'enfin cette terrible guerre a eu pour but non pas seulement de chasser l'étranger, mais de ramener en triomphe Ferdinand *le Désiré*, le traître à son pays et à ses parents les plus proches, une des figures les plus répugnantes de l'histoire et bien digne en vérité de payer le dévouement de ses sujets par le despotisme qu'on sait. Que pouvait devenir la science historique dans ces intermittences de gouvernements absolus, de révolutions, de guerres civiles, de gouvernements constitutionnels, de nouvelles révolutions et de nouvelles guerres civiles qui constituent l'histoire d'Espagne depuis la rentrée de Ferdinand VII jusqu'à nos jours? L'enseignement de l'histoire et de la méthode qui doit présider aux investigations historiques n'a jamais été le fort des Espagnols; aujourd'hui, au dire même des intéressés, cet enseignement est absolument négligé tant dans les colléges que dans les universités. Il est trop souvent confié dans ces derniers établissements à des écrivains ou à des hommes politiques qui sortent de la littérature militante, du journalisme ou des chambres. On sait que M. Castelar a occupé pendant plusieurs années la chaire d'histoire à l'université de Madrid et il passe pour avoir exercé une grande influence sur les jeunes gens qui suivaient, je ne dirai pas ses leçons, mais ses discours. Je ne sais trop par quels résultats cette influence s'est manifestée, mais parmi les bons travaux historiques de ces derniers temps je n'en vois aucun qui puisse être rapporté à la méthode du célèbre orateur. Les élèves de M. Castelar ont pu assister à de bien beaux concerts : je doute qu'ils aient tiré de ce flot de paroles un enseignement solide et une méthode scientifique.

Le désordre de la vie publique n'est pas la seule cause de la décadence scientifique de l'Espagne. Beaucoup d'érudits, sans qu'ils s'en rendent compte eux-mêmes, sont encore maintenus par la lourde main du catholicisme dans un état intellectuel absolument contraire à l'esprit de la science moderne. Cette influence persistante de la religion officielle sur les habitudes d'esprit de ceux mêmes qui ont renoncé à croire à ses dogmes est un phénomène surprenant, mais incontestablement vrai, et dont je pourrais donner ici maintes preuves, si la revue où j'ai l'honneur d'écrire ne s'interdisait pas l'examen de questions d'une actualité par trop vive. A cette domination latente d'une théologie morte s'est pourtant opposée depuis quelques années une remarquable tendance d'émancipation. Je ne suis pas de ceux qui regardent avec dédain le mouvement philosophique qui s'est manifesté récemment en Espagne. Quelque médiocres que soient les résultats positifs du singulier développement du système philosophique de l'allemand Krause ou de l'hégélianisme de Vera accommodé à l'espagnole, ce mouvement témoigne tout au moins d'un besoin et d'une volonté très-ferme de franchir la barrière que la philosophie scolastique et la théologie catholique ont élevée autour de ce pays. Ceux mêmes qui ne voudraient pas se débarrasser tout d'un coup du fardeau traditionnel sont les premiers à chercher dans les systèmes philosophiques de nos jours un moyen de rendre aux vieilles doctrines une certaine vitalité par une interprétation nouvelle de leurs données essentielles. Que le mouvement ait été mal dirigé, c'est ce que reconnaissent maintenant beaucoup d'Espagnols, et la jeune école critique, dont l'organe principal, la *Revista contemporánea*, a su gagner les sympathies de tous les amis de la science, n'a pas d'autre but que de rectifier le chemin déjà parcouru et de ramener le mouvement philosophique au point d'où il aurait dû partir : à la philosophie de Kant. Il est à désirer dans l'intérêt de la nouvelle école qu'elle ne se restreigne pas à un domaine seul de l'activité scientifique, qu'elle tende aussi à produire des historiens et des philologues. Alors son influence pourrait s'accroître d'une façon notable, elle pourrait devenir le centre d'un mouvement scientifique vraiment important. On peut dire que l'avenir intellectuel de l'Espagne dépend essentiellement de la manière dont cette partie la plus éclairée de la jeune génération comprendra la tâche qui lui est assignée.

Alfred Morel-Fatio.

Extrait de la *Revue historique*.

Imprimerie Gouverneur, G. Daupeley à Nogent-le-Rotrou.

www.ingramcontent.com/pod-product-compliance
Lightning Source LLC
Chambersburg PA
CBHW060915050426
42453CB00010B/1730